यथार्थ दर्शन

चंद्रशेखर

Made with ♥ on the Notion Press Platform
www.notionpress.com

अब तक के सामाजिक एवं धार्मिक अनुभवों से प्राप्त अपने अंतर्मन के विचारों द्वारा मैंने इस **यथार्थ दर्शन** नामक पुस्तक में जो मोती पिरोने का काम किया है. ऐसी भावनात्मक प्रेरणाए भगवान् विष्णु के मुखार बिंदु से उच्चारित गीता के श्लोको को पढने से प्राप्त हुआ हैं अतः मैं **यथार्थ दर्शन** नामक पुस्तक को श्री हरि के चरणों में समर्पित कर अपना श्रधेय आभार प्रकट करता हु तथा हंस की तरह छीर - नीर अलग करने वाले विवेकी पुरुष के सानिध्य में , सतमार्ग से भ्रमित लोगो के लिए मार्गदर्शक के रूप में इसे सामाजिक पटल पर रखते हुए मुझे अपार ख़ुशी की अनुभूति हो रही हैं.

क्रम-सूची

प्रस्तावना

शाश्वत प्रेम की झलक

मैं , चंद्रशेखर पुत्र स्वर्गीय रामलखन एवं माता फुलरा देवी ग्राम सेमरी (चडरहा) थाना कछवा , जनपद मिर्ज़ापुर का मूल निवासी हूँ. मेरी प्रारम्भिक शिक्षा माँ के आँचल से शुरू होकर हाई स्कूल , इंटर बाबूसराय से स्नातक तथा परा-स्नातक जगतपुर स्नातकोत्तर महाविद्यालय से एवं बीएड बनारस हिन्दू विश्विद्यालय से गुरु जनो के आशीर्वाद एवं साथियों के सहयोग से संपन्न हुई. तमाम जन्झावाद को पार करते हुए एवं कई सरकारी नौकरी में सफलता प्राप्त करते हुए वर्तमान में मैं बतौर वरिष्ठ प्रवक्ता के पद पर नेताजी इंटर कॉलेज बरकी , वाराणसी में कार्यरत हूँ. अस्तु अपने जीवन के अनुभवों की कसौटी पर कसकर मैंने इस **यथार्थ दर्शन** नामक पुस्तक में भौतिक प्रेम से परे शाश्वत प्रेम एवं गुण - दोष के अंतर को स्पष्ट करते हुए समाज के लिए रौशनी देने का अक्षरसः प्रयास किया हूँ.

1

अध्यात्म परिचय

हे ! मानव जो कुछ भी मैंने इस " यथार्थ दर्शन " नामक पुस्तक में लिखा हैं वह स्वयं के विचारों को प्रकट करना हैं न की किसी तथ्य को लेकर आप के दिल को आहत करना हैं. मैंने हीरा रुपी पत्थर आप के समक्ष मात्र भेंट किया हैं, असली जौहरी आप लोग हैं परखना आप का काम हैं -

" शब्द ही मारा गिर पड़ा ,शब्द छूडावे राज "

जिन -जिन शब्द विवेकिया , तिनके सर गयो काज ||

पाश्च्यात सभ्यता की चमकती चादर में कही भारतीय संस्कृति धूमिल न हो जाए और हमें हाथ मलना पड़े इसलिए धर्म के उस मूल भाव को पकड़ो जिसमे स्वयं के साथ दुसरो का भी कल्याण हो. जब मनुष्य कर्म करने के पूर्व फल की इच्छा करता हैं , वह जिंदगी में सदैव सफल नहीं रहता हैं अतः भगवान श्री कृष्ण ने गीता में अर्जुन को यही समझाने का प्रयास किया हैं -

" कर्मण्येवाधिकारस्ते मा फलेषु कदाचन।
मा कर्मफलहेतुर्भूर्मा ते सङ्गोऽस्त्वकर्मणि॥

इसी विचार के साथ मैं जगत कल्याण हेतु इश्वर से सदैव प्रार्थना करता रहूँगा और वास्तविक दर्शन कराने हेतु इस " यथार्थ दर्शन" के माध्यम से प्रयास करता रहूँगा

ॐ शान्तिः ॐ शान्तिः ॐ शांतिः||

2

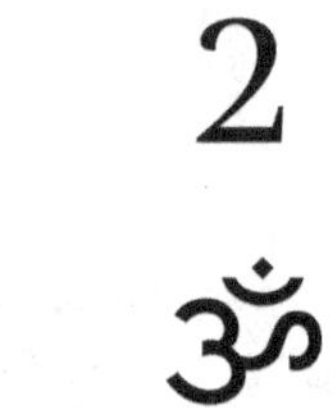

बहुत दिनों से मेरे मन में यह बात कुरेंद रही थी की शान्ति क्या हैं ? शांति के साथ सत्य का क्या रिश्ता हैं ? सभी ऋषि मुनि प्राचीन काल से सत्य पर अधिक जोर देते चले आ रहे हैं . सत्य पर इतना अधिक जोर देने के कारण व्यक्ति कभी कभी संकट में पड जाता हैं. मेरा विचार हैं की सत्य तो केवल मृत्यु ही हैं क्योंकि हर प्राणी , हर वस्तु जो पृथ्वी पर उपजा हैं उन सभी को एक दिन निश्चित ही नष्ट हो जाना हैं. प्रत्येक चीज का परिवर्तन हो सकता है किन्तु मृत्यु में कोई परिवर्तन नहीं होता यह निश्चित समय का इन्तेजार करती हैं (Death awaits an inevitable hour- By Thomas gray) मृत्यु संसार का ओ पर्दा हैं जिसके पीछे संसार का प्रत्येक प्राणी इस भूमि रुपी मंच पर अभिनय करके चला जाता हैं इसके बाद शेष मनुष्य दर्शक के रूप में उस मृतक व्यक्ति की प्रशंशा एवं आलोचना करता हैं. कैसी बिडम्बना हैं ! इंसान हर वास्तु पर शासन करता हैं किन्तु अपने इन्द्रियों पर मुश्किल से ही शासन कर पाता हैं. आप अनुभव किये होंगे की व्यक्ति जितना अधिक थक जाता हैं उतना ही जल्दी उसको नींद आ जाती हैं और सुबह उठ कर अत्यधिक सुखद का अनुभव करता हैं. अर्थात इन्द्रियों के ऊपर नियंतन रखने से अत्यधिक शान्ति प्राप्त होती हैं और परमात्मा से लागाव बना रहता हैं. सत्य कहा गया हैं की - " जागत में सुमिरन करे सोअत में लौ लाय

सहजो एक रस हवे रे , तार टूट न जाय "

हम पत्थर की मूर्ति की पूजा क्यों करते हैं ? ओ भी आँखे बंद करके हम उस समय अपनी आँखों में अँधेरा बसाना अच्छा समझते हैं क्योंकि उस अँधेरे में एक ही रूप का दर्शन करना चाहते हैं उसी प्रकार जब सभी वस्तुओ का परित्याग करके केवल एक ही वस्तु पर सम्पूर्ण इन्द्रियां केन्द्रित होती हैं तो हमें शान्ति प्राप्त होती हैं और शीघ्र ही सोचे हुए यथार्थ लक्ष्य की प्राप्ति होती हैं. जैसे कछुआ किसी क्यक्ति की आहट पाकर अपने सम्पूर्ण अंगो को भीतर समेट लेता हैं उसी प्रकार विवेकी पुरूष अपने सम्पूर्ण इन्द्रियों को समेट कर परमेश्वर में स्वयं को समर्पित करते हैं. अब आप पूछोगे की शान्ति क्या हैं ? - शान्ति कोई क्रय करने की वस्तु नहीं हैं बल्कि यह आप के अन्दर ही विद्यमान हैं -

" गाफिल तू किधर भटका हैं , कुछ दिल की खबर ले
शीशा जो बगल में हैं , उसी मे तो परी हैं "

मैं किसी साधारण शांति की बात नहीं कर रहा हु बल्कि ह्रदय के अन्दर की शांति की बात कर रहा हूँ जिससे परमात्मा का जुड़ाव रहता हैं अतः इसे प्राप्त करने हेतु कईयों ने कई प्रकार के रूप को परिवर्तित कर प्रयास किया परन्तु सफलता में कुछ भी नहीं मिला -

" बगुल वस्त्र चाल हंश के, बैठे बन बगुला भगत
हर भोग से लिप्त भगवान का रूप , धड़ के शाझें मुर्गी मारत " ||

अतः शान्ति प्राप्ति हेतु भेष बदलने की आवश्यकता नहीं हैं बल्कि आत्म नियंत्रित होना चाहिए साथ ही स्वयं की वाणी पर भी इस प्रकार नियंत्रण हो की स्वयं की वाणी से दुसरे लोगो को अशांति का अनुभूति न हो,

गीता में भगवान् श्री कृष्ण अर्जुन को उपदेश देते हुए कहते है की-

" अनुद्वेगकरं वाक्यं सत्यं प्रियहितं च यत्।

स्वाध्यायाभ्यसनं चैव वाङ्मयं तप उच्यते।।

अर्थात ऐसा वाणी बोलो की सत्य हो , प्रिय हो , दुसरो को उद्वेग उत्पन्न न करने वाला हो और हितकारी हो तो ऐसी वाणी तप की वाणी कहलाती हैं इसी सन्दर्भ में कबीर ने कहा हैं -

" ऐसी वाणी बोलिए मन का आप खोए, औरन को शीतल करे, आपहुं शीतल होए "

मित्रो , ऐसे लोगो से भी दूर रहना होगा जिनके संगत से आप मन अशांत हो इस श्लोक में कुछ ऐसी ही बातें निहित हैं

" वरं न राज्यं न कुराजराज्यं वरं न मित्रं न कुमित्रमित्रम् ।
वरं न शिष्यो न कुशिष्यशिष्यो वरं न दार न कुदरदारः ॥

जब स्त्री की बात आ गयी हैं तो थोड़ी सी चर्चा मैं स्त्री के सन्दर्भ में भी करना चाहूँगा मुक्ति व युक्ति के मार्ग में सबसे बड़ी बाधा और सबसे बड़ी सहायक स्त्री ही हैं. प्राचीन काल में सन्यास लेते समय व्यक्ति को अपनी पत्नी से आदेश लेना पड़ता था यदि पत्नी सन्यास लेने को न कहे तो नहीं जाते थे मनु ने तो नारी को सर्वोपरि स्थान पर बैठा दिया-

"यत्र नार्यस्तु पूज्यन्ते रमन्ते तत्र देवताः। यत्रैतास्तु न पूज्यन्ते सर्वास्तत्राफलाः क्रियाः।।"

अर्थात जहाँ नारी की पूजा होती हैं वहां देवता वास करते हैं हमने भी वेद पुराणों में सुना हैं की नारी पुरुष की सहचरी हैं इसलिए नारियों को भी अपने पतियों के प्रति आस्थावान होना चाहिए मुनियों को डिगा देने में स्त्रियों की अहम् भूमिका रही हैं. अब थोड़ी सी चर्चा मैं आज के पाश्च्यात प्रभाव से प्रभावित स्त्रियों की मनो स्थिथि के बारे में करना चाहूँगा. आजकल स्त्रियाँ अनावश्यक प्रदर्शन और साधनों का प्रयोग करके भारतीय संस्कृति को कुरूप बनाने की भूल कर बैठी हैं जबकि एक युग ऐसा भी था की स्त्रियाँ केवल अपने पति के लिए श्रृंगार करती और पर पुरुष को पिता , पुत्र , और भाई के रूप में देखती थी. वस्त्र के अभाव में लोग अपने बदन को वृक्ष के पत्ते से ढकते थे परन्तु आज वस्त्र का भण्डार होकर भी समाज नंगा रहना पसंद करता हैं आखिर किसका दोष हैं ? - जरा सोचिये आज स्त्रियाँ पुरुषो की बराबरी करना तो चाहती हैं किन्तु नारी गुण को भूल जाती है. इस लोकोक्ति में सही कहा गया हैं - स्त्रियों में पुरूष का गुण आ जाए , तो वह कुलटा हो जाती हैं और पुरुष में स्त्रियों का गुण आ जाए तो वह सज्जन हो जाता हैं. आख़िर ऐसा क्या हैं ? जबकि स्त्रियों में सच्च चरित्रता , शुद्धता , सरलता , दया , और मृदु भाषिता की सदैव से अपेक्षा होती रही हैं. स्वामी विवेकानंद ने ठीक ही

कहा हैं -

" **जो असहाय पीड़ितों के लिए रोये वह महात्मा अन्यथा दुरात्मा होता हैं** "

मेरा विचार हैं की स्त्रियों पुरुष का गुण धारण कर महान नहीं बन सकती बल्कि समाज में उनकी निंदा होगी जो चीज/ कार्य जिसके लिए बना हुआ हैं उसका उपभोग वाही करे तो अच्छा होगा अन्यथा वही वास्तु समाज व देश के लिए पीड़ा दाई होगी. महाभारत में जब श्री कृष्ण अर्जुन को गीता का उपदेश दे रहे थे तो अर्जुन का मन शांत होता जा रहा था और धितराष्ट्र जो कोशो दूर बैठा था उसका मन अशांत होता जा रहा था क्योंकि उसने जो भी कार्य किया सकाम भाव से , प्रत्येक कार्यों को पीछे उसका स्वार्थ छुपा था.

मोह के प्रभाव से ज्ञानता पर अज्ञानता पर पर्दा पड़ा था जबकि अर्जुन ने जो भी काम किया धर्म रक्षार्थ और परोपकार्थ किया-

" **सर्वे भवन्तु सुखिनः सर्वे सन्तु निरामयाः। सर्वे भद्राणि पश्यन्तु मा कश्चिद् दुःखभाग्भवेत्।**

सत्य है जितना आनंद दुसरो का हित करने में है उतना स्वयं अपना सुख साधन का ढेर लगाने में नही . रामचरित मानस में तुलसीदास जी ने कहा -

" **पर दुख दुख सुख सुख** "

अर्थात दुसरो का दुःख अपना दुःख दुसरो का सुख ही अपना सुख होता हैं. जरा सोचिये हम करोडो धन एकत्रित करते हैं परन्तु पल मात्र भी सुख की अनुभूति नहीं होती लेकिन उसी धन को हम परोपकार में लगा दे तो हमारे मन को अपार सुख व शांति मिलती है. परोपकार से धर्म की रक्षा भी की जाती हैं महाभारत में भीष्म पितामह ने कहा हैं - "यतो धर्मः ततो जय" अर्थात जहां धर्म हैं वही विजय हैं धर्म पर प्रायः प्रश्न भी उठते है की धर्म क्या हैं ? धर्म एक प्रणाली हैं जैसे कोई व्यक्ति किसी असहाय अबला का अस्मत लूटने की कोशिश करता है तो वह पापी है अधर्मी हैं ऐसे कुकृत्यो से प्रत्येक इंसान को दूर रहना चाहिए इसके विपरीत का आचरण ही धर्म हैं आधुनिक युग के महात्मा गांधी प्रतिदिन सुबह शाम इस भजन को गाया करते थे-

"रघुपति राघव राजा राम पतित पावन सीता राम इश्वर अल्लाह तेरे नाम सबको सन्मत दे भगवान "

भजन के अंतिम पंक्ति में गांधी जी सबको सद्‌बुधी प्रदान करने की बात ईश्वर से कहा हैं ऐसा भला चाहने वाला व्यक्ति न तो कटु शब्द बोलता हैं और न ही उसे कटु शब्द भेदता हैं उसका मन शरीर, आत्मा पूरी तरह से ईश्वर के चरणों में समर्पित हो जाता हैं उसे न तो निन्यानबे का फेर ही रह जाता हैं और न ही सांसारिक सुखो में बधा होता हैं. इसलिए गांधी जी जब मरे तो केवल हे ! राम कहा. महात्मा गाँधी जी जानते थे की मृत्यु का शायद यह निश्चित तिथि हैं. इसी प्रकार एथेंस के दार्शनिक सुकरात ने भी अपने मृत्यु के समय अपने शिष्यों से रोने के बजाय हसते हसते बीदा करने को कहा क्योंकि वे जानते थे शारीर नासवान हैं. जिस प्रकार अर्जुन के सार्थी कृष्ण थे उसी प्रकार शरीर का सारथी कृष्ण रुपी मन को भी बनाना चाहिए. यदि सारथी रुपी मन गलत राहो पर चला जाए तो इस शारीर का अंत अवश्य होगा और मोक्ष की प्राप्ति के लिए शांति का प्रयास निरर्थक हो जाएगा हमने देखा हैं धर्म के नाम पर कुछ पाखंडी पंडितो और सन्यासियों की संख्या दिन दुनी रात चौगुनी बढती जा रही हैं. जबकि २१ वी सदी में भारत की पूरी जनसंख्या शिक्षित होने की कगार पर हैं फिर भी लोग पत्थर की मूर्ति का दर्शन करने हेतु धक्का मुक्की सहते हैं. उस भीड़ का फायदा उठाकर उसी मूर्ति के सामने रक्षक भक्षक का काम कर जाते हैं मेहनत की उनकी गाढ़ी कमाई आसानी से ठग ली जाती हैं. न जाने क्या क्या घटनाए घट जाती है ? जो सोच से परे हैं. आखिर वह मूर्ति कुछ बोलेगी भी क्या ? क्योंकि दर्शन करने वालो के अन्दर श्रध्धा ही नहीं हैं जबकि श्रधावान व्यक्ति कुछ न चढाकर भी भगवान् की प्राप्ति कर सकता हैं कहा गया हैं की श्रध्दा जीवन का सूरज हैं इसलिए श्रधावान बनिए. हम पूछते है कितने पैसे आप यदि किसी भूखे को भोजन देने किसी गरीब कन्या का विवाह कराने , किसी गरीब को पढाने लिखाने में लगाते तो देश आज पिछड़ा नहीं रहता हैं. " **सोने की चिड़िया कहे जाने वाला देश तरक्की में आज भी पीछे हैं ?** "

जाकी रही भावना जैसी प्रभु मूरत देखि तिन जैसी " यदि हम श्रध्दा रुपी हृद्‌यांगन में भावना प्रधान कर ईश्वर रुपी वृक्ष का बीजारोपण न

करे तो मोक्ष रुपी फल की प्राप्ति कैसे होगा ? अतः पत्थर की मूर्ति पर पानी चढाने से पहले प्यासे को पानी दिया जाए तात्पर्य यह हैं की अत्यंत जरूरत को प्रथम प्राथमिकता दी जाने चाहिए. शांति प्राप्त के लिए न जाने कितने युगों से व्यक्ति हवन , यज्ञ , आदि करता चला आ रहा हैं फिर भी उसे शान्ति नहीं मिला क्योंकि न तो वह निष्काम भाव से भगवान् का जाप करता है और न ही अंतर्मन से ईश्वर नाम लेता हैं. कितने आश्चर्य की बात हैं की हम अपने मन की शांति के लिए एक ही भगवान् को कई नामो से पूजते व् पुकारते हैं अल्लाह यानी सर्वश्रेष्ठ , ईश्वर यानी जो स्वर से परे हैं , और गॉड जिसमे जनरेटर , आपरेटर , डिस्ट्रायर अर्थात जन्मदाता , पालनकर्ता और संघारक, आदि फिर भी मनुष्य को शांति प्राप्त नहीं होती हैं. उपर्युक्त के सन्दर्भ में मैं कहना चाहूँगा की जिस प्रकार सम्पूर्ण धाराए अपने जल को सागर में ले जाकर मिला देती हैं उसी प्रकार मनुष्य के सारे धर्म सारे नाम ईश्वर की और ले जाती हैं.

" एकै अलह राम हैं , संमरथ साईं सोई
मैंदे के पकवान सब , खात होई सो होई "

वस्तु कही खोजे कही अर्थात वस्तु कही गिरे और उसको दूसरी जगह खोजे तो उस वस्तु की प्राप्ति कभी नहीं होगी ज्ञानी पुरुष ईश्वर के अस्तित्व को जानते है पर खोज नही पाते क्योकी उनमे वैराग्य का अभाव होता है. वैराग्य की प्राप्ति नग्न (माया से परे) होकर ही मिलती हैं. गोपियाँ तालाब में स्नान करती हैं और कृष्ण उनके वस्त्र को चुरा लेते हैं अर्थ यह की गोपियाँ वसन रहित होकर प्रेम रुपी सरोवर में स्नान कर रही थी यहाँ वसन का तात्पर्य - काम , वासना , मोह , माया , क्रोध , घृणा , इर्ष्या, आदि से हैं जिनसे विरक्त होने पर ही भगवान् कृष्ण क्र दर्शन होते है. अतः भव रुपी नदी को आसानी से वही व्यक्ति पार कर सकता हैं जिसमे शरीर से वस्त्र उतारकर तैरा-

" चोली पहिन गोरी पार न पैबू , जाके मझधार से फिर लौट न आइबू "

इसी सन्दर्भ में ईशामसीह ने भी अपने अनुयायियों से कहा -

" Come to me naked , I'll clothe thee " अर्थात मेरे पास नग्न आओ मैं तुम्हे ब्रहम रूपी वस्त्र पहनाऊंगा शांति व मोक्ष की प्राप्ति के लिए हमें दशरथ की तरह इन्द्रिय विजेता और जनक की तरह वैराग्य युक्त होना होगा. जैन धर्म कहता हैं जिन (जौ की शराब) जिन तन लागी ते तन जानी अर्थात इन्द्रियों को जीत कर ही जैन कहलाता हैं. इस सम्बन्ध में भाव यह है की जिसको शराब भा जाती हैं वह उसे नहीं छोड़ता उसी प्रकार हरी से प्रेम हो जाने पर दुबारा हरी से बिछुड़ना नहीं होता हैं और मन सदैव के लिए शांत हो जाता हैं.

आइये थोड़ी सी चर्चा हम अन्नं के बारें में कर ले तैतरेय उपनिषद् में लिखा है की " **जैसा अन्नं वैसा मन**" अर्थात जिस प्रकार का अन्न व्यक्ति खाता है उसी प्रकार से उसके मनोभाव होते हैं तुलना करके देख लो हाथी साकाहारी हैं वह बहुत विशाल शक्तिशाली और लम्बी आयु वाला हैं तथा मनुष्य उसे देवता की संज्ञा भी देते हैं वही शेर जंगल का राजा, मॉस खता हैं जिसकी उम्र छोटी और हाथी के अपेक्षा छोटा होता हैं. श्रेष्ठ जनो द्वारा यह भी कहा जाता हैं की **कम खाओ , गम खाओ . नम जाओ** दूसरी सूक्ति यह हैं की न शादी दाद सामाने , न गम उकसाने अर्थातन किसी ख़ुशी से बढे और न किसी गम से घटे.

" घास पात जे खात हैं तीन ही सतावे काम
दूध मलाई खात जे तिनकी जाने राम "

मेरा कहने का तात्पर्य यह नही हैं की जो घास पात खाते है उन्हें ईश्वर की प्राप्ति नहीं होती हैं बल्कि जैसा साधन होगा वैसा ही साध्य होगा.

आइए थोड़ी सी चर्चा शान्ति को लेकर संगत की सन्दर्भ में कर ले -

"

" सठ सुधरहि सत संगत पाई
पारस परस कुघात सुहाई"

जिस प्रकार पारस पत्थर से स्पर्श होने पर लोहा सोने में बदल जाता हैं उसी प्रकार सठ सच्चे संत की संगत पाकर् इस सांसारिक सागर से पार उतर जाता हैं जैसे वाल्मीकि वही दुष्ट जन का भला होना मुश्किल होता हैं भले ही वह ज्ञानी क्यों न हो ? जैसे रावण अतः व्यक्ति का गुण तभी सुन्दर होता हैं जब वह कीचड़ से ऊपर उठकर खिले हुए कमल के भाति

होता हैं. हम अपने चरित्र का दर्शन समाज रुपी आईने में प्रतिदिन करते हैं फिर भी हम अपने आप को समझ नहीं पाते क्योंकि घमंड का पर्दा जो पडा हैं-

" **शौके दीदार अगर हैं , तो नजर ओईदा कर** " अर्थात आध्यात्म का दर्शन के लिए हमें अपने आतंरिक नजरो का सहारा लेना पड़ेगा उपर्युक्त के सन्दर्भ में एक घटना के बारें में चर्चा करना चाहूँगा - एक बार मैं ट्रेन में बैठा था पास में पंडित और साधू बैठे थे दो चार जवान भी थे विज्ञानं को महत्व देने वाले धर्म के निंदा करते हुए बोले जिस शिव जी क्वे धनुष को सीता ने एक हाथ से उठाकर एक तरफ से दूसरी तरफ रख दिया उसी सीता जी को रावण उठा ले गया जबकि रावण उस धनुष को नहीं उठा सका था. जिस सूर्य को हनुमान जी निगल गए जिसका तापमान बानवे हजार डिग्री फारेन हाईट के पार हैं जबकि आदमी साधारण आग के सामने नहीं बैठ सकता हैं जिस भगवान् शेष नाग के अवतार लक्षमण को मेघनाथ जैसे राक्षस ने नागपास में बांध दिया उस लक्षमण के बारें कहा जाता हैं की वह अपने फन पे पृथ्वी संभाला हैं जबकि पृथ्वी का भार 6570000000000000000000 टन हैं. जिस चन्द्रमा में कवियों एवं रामभक्तो ने राम के सावले प्रभाव के कारण काले धब्बे बताये हैं आज वैज्ञानिक नील आर्मस्ट्रांग , एल्ड्रिन , लुनर-3 रोबोट पहुच गए और उस काले धब्बे को पहाड़ बताया बैठे साधू आशचर्य में पड़ जाते हैं. मैं चंद्रशेखर एक बात बताय देना चाहता हु की इस बात से आप बिलकुल अशांत न होइए क्योकि जब वैज्ञानिक अपने मृत्यु का पता ठिकाना नहीं बता सकते तो भविष्य में कौन शिशु क्या बन जाएगा क्या पता ? धर्म तर्क कुतर्क की चीज नहीं बल्कि आस्था और विश्वाश का प्रतिक हैं जो सब का हैं. वेद पुराण धर्म ग्रंथो के पढने के पश्चात ऐसा प्रतीत होता हैं की आधुनिक युग में वैज्ञानिको ने नया आविष्कार करके कोई चमत्कार नहीं किया हैं. बल्कि पुरानी विलुप्त वस्तुओं एवं यंत्रो को खोजने एवं जोड़ने का मात्र प्रयास किया हैं. ईश्वर की महिमा को समझना एक साधारण मानव के बस में नहीं हैं धर्म विश्वाश की चीज हैं तर्क की नहीं. ईश्वर के आगे महान वैज्ञानिक आइन्स्टाइन , स्पिनोजा न्यूवटन भी झुक गए थे. इनका मत हैं की

विज्ञान किसी यन्त्र मशीन को चलाता हैं परन्तु उस यन्त्र मशीन को बनाने वाले वैज्ञानिक को कौन चलाता हैं ? क्या इसका उत्तर किसी के पास हैं ? मशीने दिखाई देती हैं परन्तु इन मशीनों से उत्पन्न शक्ति क्या दिखाई देती हैं ? कदापि नहीं शायद इस छिपी हुई शक्ति को संचालित करने वाला ही ईश्वर हैं. हे ! मनुष्यों जो खुद से चलाय मान नहीं हैं वे दुसरो को क्या चलाएगा ? अतः धर्म को विज्ञान से कभी अलग नही किया जा सकता हैं. आइंस्टीन कहते हैं की धर्म के बिना विज्ञान लंगड़ा है और विज्ञान के बिना धर्म अँधा है आइये थोड़ी सी चर्चा युवा पीढ़ी की करले- शांति एवम् अशांति फैलाने में युवा वर्ग का बहुत बड़ा हाथ होता है युवा वर्ग को जब शक्ति हो जाती है, उसे अपनी शक्ति पर अहम् हो जाता है अपने शक्ति के बल पर दूसरो का शोषण व उसे दबाने का प्रयास(might is right) जैसा करने लगता है मेरा विचार है-शक्ति तभी शास्वत सत्य व सार्थक होती है जब उसका प्रयोग असहायो की रक्षा करने में हो और देशहित में हो अन्यथा वही शक्ति उसका समूल नष्ट कर देती है जैसे रावण. गांधीजी जी ने क्या खूब कहा है "शक्ति निराधार है यदि उसका सदुपयोग न किया जाये" इसी सन्दर्भ में रहीम जी का यह दोहा है "**रहिमन अति नं कीजिए गहि रखिये निज कानि ,सहिजन अति फूले फले,डार पात की हानि** " उक्त की कड़ी में कबीर का यह दोहा सटीक बैठता है "**अति का भला न बोलना अति की भली न चुप,अति का भला न बरसना अति की भली न धूप** अर्थात किसी चीज की अति नही चलती.रावण,अहिरावण,कंस,हिरण्यकश्यप,दुर्योधन जैसे भुजा पर घमंड करने वाले लोग मारे गए इसीलिए कहा जाता है की यदि ध्येय शुभ न हो तो गुण अवगुण में बदल जाते है. एक किस्सा सुनाता हूँ- हिरण्यकश्यप की बहन होलिका को अपने पाए हुए वरदान पर बहुत नाज था की वह आग में कदापि न जलेगी और अपने भतीजा प्रहलाद को लेकर जलाने के उद्देश्य से आग में बैठ गयी परन्तु इसके विपरीत परिणाम निकला होलिका स्वयं जल गयी और प्रहलाद बच गया इन्सान कितना मूर्ख है ! एक दुसरे को नीचा दिखाने में ही अपना अमूल्य समय व्यतीत कर देता है सिवाय कुछ मिलने के संत चंद्रशेखर की यह पंक्ति उक्त के सन्दर्भ में उचित बैठती है-"**झुकना झुकाना न इन्सा के बस में टुटा**

कहर है सभी पर समय में, झुक के जी ले वो दुनिया वाले कहलायेगा फरिश्ता समय एक परिंदा समय एक परिंदा" अतः भुजबल पे दंभ भरने वाले दुसरे की केवल आह ! लेकर जाते है. कभी-कभी व्यक्ति थोडा सा सम्मान एवम पुरस्कार पाकर अपने आप को भगवान समझ बैठता है और सम्मान करने वाले लोगो को बहुत ही तुच्छ नजर से देखने लगता है. है न कितनी विचित्र बात ! जो वृक्ष फल दे रहा है उसी को काटने का प्रयास, भला यह कहा का न्याय संगत है "**बड़े बड़ाई न करे बड़े न बोले बोल रहिमन हीरा कब कहे लाख टका है मोल** अर्थात जीवन हीरा के समान होना चाहिये जो स्वय अपनी कीमत नही बताता .मेरे विचार में बड़ा तो वह वृक्ष है जिस पर हम पत्थर मारते है फिर भी हमें फल देता है.बड़ा तो वह ऊट है जो रेगिस्तान के तपते बालू में कटीले वृक्ष के पत्ते को खाकर दुसरे के लिए मेहनत करता है सच पूछो तो वृक्ष का पत्ता भी महान है-"**माटी खाए जनावरा महा महोच्छ होए**" अर्थात वृक्ष-पात को जानवर खाते है और बचे पत्ते उर्वरा बनकर खेतो में खाद बन जाती है. कबीरदास जी ने कहा है की :- "**गर्व न कीजिये देहि देख सुरन्ग आज कल तज जायेंगे ज्यों केचुरी भुजंग**" इसी कड़ी में नानक जी कहते है की:- "**राम गयो रावण गयो, जिनका बड़ परिवार, कह नानक सुन रे मन, सुपने संसार।।**

अर्थात शक्ति पर अभिमान करना जग में हसाई से ज्यादा कुछ नहीं "

कबीरा गर्व न कीजिए, कबहुं न हंसिए कोए। अजहुँ नाव समुद्र में, न जाने क्या होए ॥ -{ कबीर दास) हे ! वीर अभिमानी अभी तो तेरी ये जवानी बिच समुद्र में पतवार विहीन नाव की तरह बह रही हैं पता नही किनारे लगेगी या किनारे से टकराके टूट जाएगी फिर इतना गर्व क्यों ? इसी प्रकार युवा की उम्र में स्त्रियों को भी गर्वरहीत होकर मर्यादा में रहना चाहिए अन्यथा इनका भी यही हाल होगा जैसें " **मन मतंग माने नहीं जब तक खता न खाय. जैसे विधवा नारी गर्भ रहे पछिताय** " हे देवियों मन और आत्मा को शुद्ध सरल एवं सुन्दर बनाओ तथा अपने आप को पाश्चात्य सभ्यता एवं संस्कृति से दूर रहकर भारतीय संस्कृति को धारण कर इसकी गरिमा व मान को बढ़ाये. सभी जानते है की चरित्र एक

दिन के निर्माण से नही बनता बल्कि इंसान में चेतन विकास के तुरंत बाद से मृत्यु तक चलता है. "**वृत्तं यत्नेन संरक्षेत्, वित्तमायाति याति च अक्षीणो वित्ततः क्षीणो, वृत्ततस्तु हतो हतः**" - अर्थात धन नष्ट हो जान पर फिर से धन आ जाता है किन्तु चरित्र नष्ट हो जाने पर पुनः चरित्र नही बनता. चरित्र कोई वस्तु नही है जिसे ख़रीदा या उधार लिया जाये. आज कल के बगुला भगत जैसे साधू भेष धारियों की बात करे जो बाहर से बिल्कुल साधू दिखते है परन्तु अन्दर से शुद्ध तामसी भक्त होते है देहातो में अक्सर ये बात सुनने को मिलती है की - दिन भर राम राम शाम को सौ ग्राम,ऐसे लोग भगवान के नाम पर कलंक है माँ बाप तथा समाज को धोखा देते है. भक्त भी अंधे होकर चढावे में मन की शांति के लिए और खुशिया बटोरने के लिए तमाम रुपये वस्त्र आदि दान देकर ऐसे बुरे साधुओं के मनोबल को बढ़ाते है , जो साधु समाज में पैसे के दम पर अपना स्थान तो बना लेते है परन्तु ईश्वर के दरबार में उनकी नहीं चलती इस मृत्युलोक में ही इसका परिणाम मिल जाता है अर्थात अपनी करनी पार उतरनी. "**मिलहिं न रघुपत बिनु अनुरागा, किये कोटि जप योग विरागा**" हे साधुओं! हम लाख भेष बदल ले फिर भी भगवत की प्रप्ति नही हो सकती बिना अनुराग के, बिना प्रेम श्रद्धा के, चाहे हम कितना ही जप योग करले इसीलिए कहा जाता है ज्ञान तभी सार्थक होता है जब उसमे वैराग्य की झलक होती है.सत्य ही कहा गया है-- "कामी क्रोधी लालची इनसे भक्ति न होय भक्ति करें कोई सुरमा जाति वर्ण कुल खोय" अर्थात साधू संत बन जाने पर भी हर पल देखते हैं किस गाँव में कौन सी जाति के लोग हैं आदि बाते साधुओ की मुख से सुनकर बड़ा आश्चर्य होता हैं अतः हे ! साधू महात्माओं मेरी विचार से ऐसी भावनाओं को त्याग देना चाहिए क्योंकि इस संसार के सभी प्राणी एक ही माटी के हैं और एक ही इनका श्रीजन करने वाला हैं.

" **एकै माटी एक कुम्हारा , एकै सब का श्रीजन हारा** " मेरा सुझाव हैं साधू संतो को सांसारिक सुखो से विरक्त रहना चाहिए और उनके व्यवहार से किसी भी प्राणी को जरा सा कष्ट नही होना चाहिए इसी सन्दर्भ में मैं आपको एक कथा सुनाता हूँ एक राज्य में एक बहुत ही बुद्धिमान राजा रहता था दुर्भाग्य से उसके राजमहल में आग लग गयी

उसने अपने मंत्रियों को हीरे मोती और खजाने को बचाने के लिए आदेश देता गया और सारा महल जलकर ख़ाक हो गया तभी उसे अपने एकलौते दो वर्ष की बालक की याद आई जो बालक उसके शयन-कक्ष में ही जलकर मर चूका था राजा बहुत पश्चाताप किया और कहा की जिसके लिए ये सोने चांदी जवाहरात धन आदि की सुरक्षा की गयी अब वही नहीं रहा सब व्यर्थ हैं अतः हे ! मानव बुद्धि में माया का वास होना विनाश का कारण होता हैं. ऐसी ही एक दूसरी कथा हैं - राजा ने अपने मंत्री से राजकुमार को नदी में स्नान कराने को कहा और सचेत किया की इनके कीमती वस्त्र गायब न हो. मंत्री बोला ठीक हैं ! राजकुमार नदी में स्नान करने गया और वह डूबने लगा. राजकुमार चिल्ला रहा था परन्तु मंत्री ने उसे बचाने का एक भी उपाय नहीं किया.राजा उसी रास्ते से जा रहे थे की अचानक राजकुमार की चिल्लाने की आवाज राजा को सुनाई दिया राजा आवाज सुनकर दौड़े और राजकुमार को बचाया तत्पश्चात राजा ने मंत्री से पूछा ," **तुमने राजकुमार को क्यों नहीं बचाया ?** ". मंत्री ने जवाब दिया - यह तो आप ने कहा ही नहीं था आपने अमूल्य वस्त्रो की सुरक्षा करने को कहा था. आखिर में राजा को ज्ञान हुआ की ये भौतिक वस्तुए मोह माया की ऐसी पट्टी हैं जिसके आगे कुछ नहीं दिखाई देता अर्थात ज्ञान से विरक्त होने पर ही वैराग्य (भगवत पथ) की प्राप्ति होती हैं.

एक बार एक आदमी राह में कुछ ढूंढ रह था. किसी ने पूछा " भाईसाहब , आप क्या ढूंढ रहे हो ? " ढूँढने वाले ने उत्तर दिया - "सुई" आदमी ने पुनः पूछा ," क्या सुई यही गिरी थी ? ढूँढने वाले ने उत्तर दिया यही तो पता नहीं . आदमी ने ठहाका लगाकर जोर से हसा . कहानी का तात्पर्य यह हैं की इसी तरह न जाने कितने लोग अज्ञानता में तमाम डीह, शायर माई , बरम बाबा , नटवीर , छेत्रिय देवी देवताओं एवं पत्थर की मूर्तियों आदि कि कामना लिए पूजा करते रहते हैं और व्यर्थ में ही भगवान् को ढूंढते - ढूंढते दुनिया से चले जाते हैं. भगवत प्राप्ति के लिए सतगुरु की प्राप्ति होनी चाहिए और सतगुरु को ढूंढना नहीं पड़ता स्वयं आप में वैराग्य हो जाने पर मिल जाते हैं ऐसा सतगुरु जो प्रकाशस्तम्भ के समान हैं जो समुद्र के किनारे गडा रहता हैं और समुद्र में चलने वाली नौकाये उस प्रकाश के सहारे किनारे आ जाती है.

" **संत न होते जगत में तो जल मरता संसार**" इस सूक्ति में मैं सतगुरु जैसे संत की बात करता हूं न की गुरु की क्योंकि सतगुरु एक होते हैं और गुरु अनेक '

ज्यो जल प्यारा माछरि लोभी प्यारा दाम

ज्यो मात प्यारा बालक हंयो भक्त प्यारा राम "

अर्थात भक्त राम को इसी प्रकार प्यारा होते हैं जैसे जल मछली को , दाम लोभी को, और बालक माता को. हे ! संन्त महापुरुष आप इस संसार में ऐसे ही जिए और रहे की हम जैसे अज्ञानी महामूर्ख आपका अनुसरण करे और हृदय में सुखद शान्ति की अनुभूत बनी रहे क्योंकि ज्ञानी पुरुष एक मोमबत्ती जलाकर सारे घर का अँधेरा दूर कर देता हैं वही मुर्ख व्यक्ति पूरे घर में घास बिछाकर घर को व्यर्थ में ही भरने का प्रयास करता हैं. ज्ञान और व्यवहार में मैं अंतर स्पष्ट करना चाहूँगा इस कहानी के माध्यम से- एक लाला थे वह अपने पाँच बच्चो को लेकर नदी के पार जाना चाहते थे. नदी में पानी था उन्होंने अपने ज्ञान - घमंड से पानी की गहराई नापा जो गहराई पंद्रह फीट थी. फिर अपने पांचो लडके की लम्बाई नापा जो पचीस फीट थी. ज्ञानी लाला ने तर्क लगाया की पूरे बच्चो की लम्बाई से नदी की गहराई दस फीट कम हैं सो बच्चे को उसने नदी में फेक दिया और सारे बच्चे डूब मरे लाला ने कहा-

" **लेखा जोखा ज्यो का त्यों आखिर बच्चे डूबे क्यों ?** " इस कहानी से हमें यह सन्देश मिलता हैं की ज्ञान के साथ - साथ व्यवहारिक ज्ञान का होना अति आवश्यक हैं.

प्रायः देखा जाता हैं की संत महात्मा का दर्जा मानव ले तो लेता हैं फिर भी जात -पात के चक्कर में पड़ा रहता हैं जबकि साधु संतो की कोई जात नहीं होती है.

" **जात न पूछो साधु की पूछ लीजिये ज्ञान**

मोल करो तलवार की पड़ी रहन दो म्यान "

कुछ कहते है इश्वर निराकार हैं कबीर ही निराकार के ही उपाशक थे लेकिन ईश्वर का दर्शन होने पर कबीर कहते है की - **मैं कहू आखन की देखि** अर्थात मैंने ईश्वर को देखा हैं संत चंद्रशेखर के अनुसार ईश्वर सच मुच निराकार हैं क्योंकि ईश्वर साँस हैं नष्ट न होने वाला अक्षर है , परम

अक्षर हैं इन अक्षरों की पहचान पढने वाला ही कर पाता है अतः ज्ञानी समझता हैं विवेकी ईश्वर को प्राप्त करता हैं. **संध्या तर्पण सब तजै तीरथ कबहू न जाऊ हरि हीरा ह्रदय मिले ताहि पैठ अन्हवाऊ** " हे ! मानव तप , जोग , स्नान , पूजा पाठ से स्वशान्ति के आलावा कुछ भी नहीं मिलता थोड़ी बहुत मनोकामनाए जरूर पूरी होती होंगी लेकिन मानव - मानव से प्रेम भाईचारा निभाना ही सबसे बड़ा तप होता है.

" चार वेद छः शास्त्र में बात लिखी हैं दोय
दुःख दिए दुःख होत हैं सुख दिए सुख होय "

मानव जीवन के सुधार हेतु मेरा मूल मंत्र यह हैं की दिन भर की दिनचर्या में मनुष्य जो कुछ किया हैं सोते समय सच्चे मन से दिल पर हाथ रख कर कुछ पल के लिए यह सोचे की किसके साथ कैसा व्यवहार किया कही किसी को आपके व्यवहार से अकारण दुःख तो नहीं हुआ . मेरा विश्चास हैं न तो अशांति होगी और न ही आप पुनः गलती करोगे.

आज विश्व में मन की शान्ति के लिए अनगिनत जानवरों व् मानवो की हत्या की जा रही हैं पूरा विश्व समुदाय की बात करे तो शान्ति कही भी नही हैं प्राचीन काल से केवल कुरीतियों का जहर ही व्याप्त हैं ऐसे में शान्ति की कैसे कल्पना की जा सकती हैं आजादी के समय मुस्लिमो की संख्या तीन करोड़ के आस पास थी जो इनकी संख्या पंद्रह गुना के पार हो गयी हैं. साथ ही इशाईयों की संख्या में अवसत से कुछ ज्यादा वृध्धि हो गयी है वृध्धि का कारण हिन्दू धर्म के हनन से कुछ लोगो ने संभवतः अपना धर्मांतरण कर लिया है मनु स्मृति की माने तो सबसे ज्यादा कुरीतियाँ इसी काल में दिखाई देती है स्मृति में लिखा है की राजा भी अपने पुरोहित के अनुसार कार्य करे नहीं तो वह पाप का भागी होगा. यह तो वही बात हुई - " **कमाये बाप खाए आप** " सत्य यह है की मनु स्मृति, परासर , स्मृति , याग्य वल्क स्मृति में पुरोहित अपनी सुरक्षा के लिये कुप्रथाओं को धर्म से जोड़ा था आज शिक्षित समाज में वही बात टूट कर बिखरने लगी हैं और शुद्र कहने वाले ब्राहमण शुद्र का नौकर बनाकर रह रहे हैं तथा उनका स्थान शिक्षित शुद्र ले रहे है जिससे इन्हें असहनीय पीडा हो रही हैं परासर और मनुस्मृति में इस बात उल्लेख हैं - यदि शुद्र द्वारा ब्राहमण छू लिया जाए तो गंगा से ही शुद्ध होता था भक्तिकाल

के प्रसिद्ध कवि शुद्र कूल में जन्मे रैदास ने कहा " **मन चंगा तो कठौती में गंगा** " के कथन से पुरोहितों के भ्रम को तोड़ने का प्रयास किया हैं और समाज को एक नई दिशा प्रदान की हैं उन्होंने कहा की स्नान केवल शरीर के मैल को शुद्ध करता है न क मन का मैल आज सैकड़ो जातियां पैदा हो गई हैं जाति को जात में धर्म को धर्म में बाटने का काम समाज में रहने वाले हम जैसे लोगो ने ही किया हैं ऐसे हिन्दू धर्म से क्या फायदा जबकि शिख्खो , इशाईयों का एक धर्म एक भगवान् होते हैं. गीता में भगवान् श्री कृष्ण ने अस्पष्ट कहा है की -

" **चातुर्वर्ण्यं मया सृष्टं गुणकर्मविभागशः।**

तस्य कर्तारमपि मां विद्ध्यकर्तारमव्ययम्।। अर्थात हर व्यक्ति के पद (वर्ण) का बटवारा उसके गुण कर्म अथवा योग्यता के आधार पर किया गया हैं वहीं वर्ण आज जाति का रूप धारण कर आपस में ही टकराव उत्पन्न की है जो की सर्वथा अनुचित हैं. कुछ किम्बदंतीया हैं की सर्वप्रथम एक अंडा था अंडा फूटा तो ब्रह्मा जी निकले और ब्रह्मा जी के मुख से ब्राहमण , भुजा से क्षत्री , झांघ से वैश्य और चरण से शुद्र निकले. इस प्रकार चरण शुद्र हुआ जिस चरण को शुद्र कहा गया माता लक्ष्मी जी उसी हरि चरण में बैठी रहती है और दिन रात उनकी सेवा करती हैं. इन्ही चरणों को बड़े से बड़े लोग झुक कर स्पर्श करते हैं और इन्ही चरणों के सहारे सुन्दर काया लेकर चलते फिरते है फिर चरण से उत्पन्न व्यक्ति कैसे अछूत हुआ ? मेरा कहना हैं कि शुद्र सभी होते है अच्छे कर्म करके लोग शुद्र (नीच कार्य) से उपर उठते है - " **जन्मना जायते शूद्रः संस्कारात् द्विज उच्यते.** बाइबिल में इन्सान की उत्पत्ति आदम और ईव से मानी जाती हैं तो मानव दो ही पैदा हुए एक नर और नारी तो इन्ही के इंसान सब हुए आखिर जात कहा से आई ? शायद जाति इंसान के नाम है ऐसा मेरा मत हैं जिस प्रकार एक इश्वर के कई नाम होते है. रैदास जी ने कहा है -

" जाति पात पूछे न कोई
हरि को भजे सो हरि का होई "

भक्ति ऐसी नहीं की दो चार घंटे अथवा दिन भर बैठकर पूजा करे और भगवान का स्वरूप एक भी प्रतिशत आपके हिस्से में नहीं गया तो ऐसी भक्ति से क्या फायदा ? भक्ति भज धातु से बना है जिसका अर्थ है सेवा करना भजन करना आदि.

" ऊत्पन्न्ना द्रविणं चा हे कर्णावते वृद्धि मा गता

स्थिताकिचिन्न महाराष्ट्रे गुर्जरे वृद्धि तां गता " अर्थात भक्ति कहती है मैं द्रविड़ यानी दक्षिनाचल में उत्पन्न हुई, कर्नाटक में बढ़ी , महाराष्ट्र में कुछ समय के लिए रुकी , और गुजरात में जाके बूढी हो गयी. दिन दुखी असहायों की सेवा करना ही भक्ति हैं **"नर पूजा नारायण पूजा "** ज्ञानी तो वह कहा जाता हैं जो दुसरे को मार्ग दिखाए और अज्ञानता से निकालकर ज्ञान के आँगन में रखकर और भले बुरे का बोध करायें आखिर दीपक को दिया क्यों कहा गया ? क्योंकि दिया दुसरे को रोशनी देता है जिसमे आप अपने वस्तु को खोज पाते है. मानव तीन प्रकार के होते है साधारण मानव जो विजय का प्रतिक होता है, दानव जो हार का प्रतिक हैं तथा महामानव चमत्कार का प्रतिक है किसी शायर ने कहा हैं - " **दुश्वार है हर काम आसान होना , आदमी को भी मय्यसर नहीं इंसान होना** " अर्थात भगवान् होना आसान हैं लेकिन इन्सान होना बड़ा मुश्किल हैं. मैं समझता हु **सब धर्म किये तो क्या कियो बिन सेवा के न तरयो'** इसी मानव सेवा के सन्दर्भ में तुलसीदास जी का यह प्रसंग सही बैठता हैं -

" तुलसी यही जग आई के कर लीनो दो काम

देने को टुकड़ा भला लेंने को हरि राम "

कबीरदास जी ने ऐसा ही एक दोहा लिखा हैं- " **साईं इतना दीजिये, जा मे कुटुम समाय । मैं भी भूखा न रहूँ साधु ना भूखा जाय ।।** उपर्युक्त प्रसंग को यही विराम देकर अब मुख्या विषय शान्ति प्राप्ति के विषय में चर्चा करेंगे- एक राजा था उसके पास सब कुछ था परन्तु उसका मन सदैव अशांत रहता था अतः अपना कल्याण हेतु सभी देश के पंडितो को बुलवाया और पंडितों के अनुसार यज्ञ हवन आदि कर्म काण्ड करवाया लेकिन उसका कल्याण न हो सका कुछ समय बाद दुबारा उसने पंडितो को बुलाकर कर्म कांड आदि कराया फिर भी उसे शान्ति नही मिली राजा

ने उन सभी को कारागार में डाल दिया. राजा परीक्षित जैसा कल्याण चाहता था जिसे व्यास पुत्र सुकदेव द्वारा गीता ज्ञान सुनाकर कल्याण किया गया अंत में फिर से अपने पुरोहित के कहने पर यज्ञ हवन और हरि कथा सुनी लेकिन तनिक भी अंतर न हुआ और राजा ने उसे भी जेल में डाल दिया जब पुरोहित का लड़का अपने पिता को जेल में होने की बात सुनीं तो वह राज दरबार में आया और बोला राजन ! मैं आपका कल्याण करूंगा राजा राजी हो गया लड़के ने राजा से कहा हे राजन कुछ समय के लिए अपन राज -काज मुझे सौप दीजिये और आप साधारण प्रजा बन जाओ राजा बोला ठीक है. राज सिंघासन पे बैठते ही पुरोहित पुत्र बोला सेनापति पंडित और राजा को अलग - अलग खम्बे से बाँध दो फिर बालक पंडित से बोला राजा की रस्स्सी खोल दो पंडित बोला मुर्ख देखता नही मैं जंजीर से बंधा हुआ हूँ. बालक पुनः वही प्रश्न राजा से किया की राजन आप कोई युक्ति लगाकर पंडित की रस्सी खोल दो और अपनी भी आप तो राजा रह चुके हैं यह सुनकर राजा जोर से हँसा और बालक से बोला - **देखता नही मैं बंधा हूँ** " इस पर बालक बोला राजन जो पंडित दिन- रात नेन्यानबे के फेर में रहता हो वह अपनी और आप की कल्याण कैसा कर सकता हैं ? आज आधुनिक युग में विज्ञापन , मनोरंजन के साधन अर्ध नग्न चित्र , कामुख , प्रदर्शन आदि व्यक्ति को अशांत बना रखा हैं. इसके अलावा भारत का तापमान अधिक होने के कारण भारत देश की जनसँख्या वृद्धि में काफी सहायक हैं जो जनसँख्या विस्फोट का कारण है जरा सोचिये हम आप मंदिरों में जाते हैं शान्ति प्राप्त करने के लिए जैसे ही मन्दिर से बाहर निकलते है हमारे पाँव मधुर संगीत से थिरकने लगते हैं आजकल भगवान् का कीर्तन भी अजीब ढंग से हो रहा हैं जिसमें फ़िल्मी गाने का धून भरपुर प्रयोग होता है बात अस्पष्ट है की आप भगवान् को नहीं भजते बल्कि आप स्वयं को आनंदित कर रहे हैं जो चित्त की अस्थिरता दिखाती है. कबीर , रैदास आदि संतो ने मूर्ति पूजा का विरोध किया क्योकी चित्त की स्थिरता नही हैं तुलसीदास जी ने कहा है- " **तुलसीदास कह चित्त विलास जग - जग बूझत बूझत बुझे** " मेरी मानिए तो आप ऐसे दोस्तों का चयन करे जो आपके संपर्क में आकर आप को शान्ति का अनुभूति कराये जिसकी संगत में आपको शान्ति

नही मिलती उससे दूर ही रहना चाहिए क्योंकि ऐसे लोगो से पर निंदा और इर्ष्या के अलावा कुछ नही मिलता प्रायः यह मांग होती हैं की स्त्रियों का समाज में सामान अधिकार हो , स्त्रियों भी शिक्षित हो सो गयी मगर क्या देवी सीता , सावित्री जैसी गुणवान कदापि नहीं आज यदि भारत की संस्कृति कुरूपता का रूप धारण कर रही है तो इसमें स्त्रियों का भी सहयोग हैं क्योकी किसी बच्चे का भविष्य निर्माता माँ ही होती हैं. यदि माँ अपने बच्चो को मन से मजबूत न बना सकी, अपनी राष्ट्रीय संस्कृति का बीज उसमे न डाल सकी , माँ अपने बच्चे को प्यार न देकर दफ्तर व सिनेमाघरों तथा पार्टी , अपने दोस्तों को संभालती है तो फिर परिवार का क्या होगा ? यदि माली पौधे को न सींचे तो सुख जाएगा उसी प्रकार यदि माँ अपने बच्चे एवं उसके दायित्वों को न समझ पाए तो परिवार उस सूखे पौधे में बदल जायेगा. सही कहा गया हैं की यदि नारी में पुरुष का गुण आ जाए तो वह कुलटा हो जाती हैं यदि पुरुष में नारी का गुण आ जाये तो वह महान बन जाता हैं. डाक्टर भीमराव आंबेडकर ने कहा है की नारी को घरेलु कार्यों का ज्ञान होना चाहिए न की शेक्सपियर के काव्यों का ज्ञान , मैं यह भी नहीं कहाँ चाहता हु की नारी पुरुषो की गुलाम रहे लेकिन वह देश की संस्कृति का हनन न करे वह देवी सीता ,सावित्री जैसे आदर्शो का अनुसरण करे. मैं तो पुरुष से ज्यादा स्त्री को महत्व देता हूँ क्योंकि स्त्री से ही पुरुष पैदा होता हैं , यदि माँ अपने बच्चो को सत संगती में रखे उस माँ का पूरा स्नेह दे तो जैसा माँ चाहेगी उसका पुत्र वैसा ही करेगा. यदि परिस्थितियां विपरीत हैं तो उसके भाग्य में पूर्व कर्मो का फल हैं. आजकल की पढ़ी -लिखी स्त्रियाँ अपने बच्चे को दूध भी नहीं पिलाती हैं, आखिरकार पौधे को जिस प्रकार का भोजन या तत्त्व मिलेगा पौधा उसी प्रकार का होगा. बहुतो के मुख से हमने सुना हैं की क्या करे , भैया ये कलयुग ? हे ! मानव कोई कलयुग वलयुग नहीं हैं , आज भी सतयुग कलयुग हैं जो कल था कहावत है -

" सुद्ध सत्व समता बिग्याना। कृत प्रभाव प्रसन्न मन जाना।।
सत्व बहुत रज कछु रति कर्मा। सब बिधि सुख त्रेता कर धर्मा।।
बहु रज स्वल्प सत्व कछु तामस। द्वापर धर्म हरष भय मानस।।
तामस बहुत रजोगुन थोरा। कलि प्रभाव बिरोध चहुँ ओरा।।

अर्थात जहाँ तामसिक गुण ज्यादा हो राजसी गुण अल्प हो सात्विक गुण बिलकुल न हो , कलह सर्वत्र व्याप्त हो वहां कलयुग हैं. वर्तमान में स्त्री को गृहलक्ष्मी कहा जाता हैं परन्तु वही लक्ष्मी कुलटा या कुलाशिनी हो जाय तो परिवार पूर्ण रूप से अस्त व्यस्त हो हो जाता हैं , रामचरितमानस में तुलसीदास जी ने कहा हैं की -

" **ढोल गंवार शूद्र पशु नारी, सकल ताड़ना के अधिकारी** " स्त्रियाँ लाख उन्नति कर ले यदि अपने चरित्र और संस्कृति को न बचा पायी तो वह सदैव समाज में दंड की भागी होगी , नहीं तो समाज में स्त्रियों का महत्व इतना ही रह जाएगा की " **स्त्रियाँ क्षेत्र विरोजना नरः** " अर्थात स्त्रियाँ खेत हैं और नर बीज डालने वाला हैं इसके अलावा स्त्रियाँ कुछ भी नहीं हैं . समाज में पढ़े लिखे भाई साहब भी लोग हैं जो अपशब्द यावं भद्दी शब्दों का प्रयोग करके परिवार व समाज के माहौल को बिगाड़ते रहते हैं. जरा सा ख़ुशी मिलती हैं बस अपने को बादशाहों का बादशाह समझ बैठते हैं . दो जून की रोटी मिलने लगती हैं की बस सारे देश को खरीदने की शक्ति रख लेते हैं , अपने से कमजोर व्यक्ति पर टूट पड़ते हैं . कुछ अनाब - सनाब भी बक जाते हैं . कबीरदास जी ने सही कहा हैं -

" रहिमन' जिव्हा बावरी, कहिगी सरग पताल।
आपु तो कहि भीतर रही, जूती खात कपाल॥

ऐसी घटनाये शादी - विवाहों या किसी ख़ुशी के मौके पर देखी जाती है. गीता में भगवान श्री कृष्ण ने कहा हैं -

" अनुद्वेगकरं वाक्यं सत्यं प्रियहितं च यत्।
स्वाध्यायाभ्यसनं चैव वाङ्मयं तप उच्यते।।

अर्थात सत्य प्रिय वाणी बोलिए की दुसरो को उत्तेजित न करे ऐसी वाणी ताप कहलाती हैं. परन्तु असत्य प्रिय कभी नहीं बोलना चाहिए , मैं ज्यादा दूर नहीं जाना चाहता हूँ शांति के लिए हम आप ऋषि मुनि कौन प्रयास करता होगा की थोडा सा मन को शान्ति मिल जाए और शक्ति में ही तो भगवान भी मिलते हैं. गीता में श्री कृष्ण ने तपस्या के दो प्रमुख मार्ग बताये हैं - सांख्य योग , कर्म योग सांख्य योग का मार्ग ऋषि मुनि अपनाते हैं , जो घर बार छोड़कर जंगलो में जाकर तप करते हैं और सारे (Attachment things) आकर्षित वस्तुओ से दूर रहते हैं. सत्य यह

है की नाइ को देखकर हजामत बढती हैं , भोजन को देखकर भूख , जब ऋषि मुनि गण सांसारिक वस्तुओ को देखेंगे ही नहीं तो उसका उपभोग करने की इच्छा ही नहीं होगी और न ही उनका मन अशांत होगा. इस प्रकार इन्द्रियों का दमन होता हैं और इन्द्रियों पर विजय प्राप्त करके बड़े से बड़े लोग महात्मा बन जाते हैं , फिर चाहे बाहर कितना ही कोलाहल क्यों न हो ? वे अशांत कभी नहीं हो सकते, जैन धर्म इस विचार से पूरी तरह सहमत हैं "जैन " जिन शब्दों से बना हैं जिसका अर्थ जौ की शराब या इन्द्रियों को जितना , इन्द्रियों पर जीत हासिल करने वाला ही जीतेन्द्र या जैन कहलाता हैं. दूसरा साधन या मार्ग योग हैं , इस योग में व्यक्ति गृहस्थ में रहकर सांसारिक वस्तुओ से बचता हैं और भगवानका भजन भाव करता रहता हैं. " **चित्ते स्थिरः सः चित्त वानोस्ते** " अर्थात जिसका चित्त स्थिर नहीं चित्तवान हैं उसी को चेत हैं , वही समझता है की क्या अच्छा है क्या बुरा हैं ? क्योंकि शान्ति चित्त से ढूँढने पर व्यक्ति पता लगा पाता है की उसने किसके साथ कैसा व्यवहार किया , किसी के दिल को आहत तो नहीं किया , किसी को दुःख तो नहीं पहुँचाया . मेरा विचार है की इस प्रकार से चित्तवान कभी भी किसी के साथ कोई गलत व्यवहार नहीं कर सकता , घुमक्कड़ी होने पर जानकारी मिलती हैं तो चित्तवान होने पर विवेक पैदा होता हैं , ज्ञान सबको होता है परन्तु किसी - किसी को " **बिनु सत्संग विवेक न होई,** अर्थात सत्संग के बिना विवेक नहीं होता है और सत्संग व्यक्ति शान्ति के लिए करता हैं . सत्संग हैं क्या ? जो सत्य से जुडा हो , जिसके विचार यावं व्यवहार सही हो . सत्संग करने पर व्यक्ति साधुओ की संगती में जाने का विचार बना लेता हैं इसमें से कुछ साधु - सन्यासी का रूप धारण कर किसी मन्दिर या कुटी में बैठ जाते हैं और दुसरो को धर्म करने या धर्माचरण का बड़ा - बड़ा उपदेश देना शुरू कर देते हैं , वे स्वयं कुकर्मो में फंसे रहते है. ऐसे साधुओ की संगती में नहीं रहना चाहिए क्योंकि इन्सान कितना भी बुद्धिमान क्यों न हो परन्तु यदि उसमे बुराई वास करती हैं तो उसे त्याग देना चाहिए. ऐसा ही एक उदाहरण हैं - एक पंडित लोगो को सत्संग में प्रायः यह उपदेश दिया करता था की लहसुन , प्याज एवं तीखे भोजन का प्रयोग नही करना चाहिए क्योंकि इसमें तामसिक प्रवित्तियां बढती हैं संयोग से उसी

सत्संग में उनकी पत्नी पंडीताइन भी मौजूद थी. घर आने पर पंड़िताइन ने खाने में लहसुन , प्याज , मिर्च , मसाला आदि का प्रयोग नहीं किया. जब पंडितजी खाना खाने लगे तो भोजन का स्वाद उस दिन स्वाद रहित था , पंडित बोला - पंडिताइन आज लहसुन प्याज आदि खाने में क्यों नहीं डाला पंडिताइन बोली - स्वामी आप ही ने तो इसका प्रयोग न करने को सत्संग में कहा था . इसलिए नहीं डाला. पंडितजी हँसकर बोले अरे ! पंडिताइन वो उपदेश की बाते थी मेरे खाने के लिए नहीं , आज ऐसे पंडितों , पाखंडियों की भरमार हो गयी हैं और सच्चे साधु संतो को भी भ्रम के घेरे में डाल रखे हैं. जनता का विश्वाश उठ जा रहा है यही कारण है की सतमार्ग पर चलने वाले कम हो रहे हैं परन्तु जो सच्चे संत हैं वे अपने पथ से कभी नहीं भटकते. ये तो सत्य हैं की अच्छे कार्यों में मुश्किले तभी शुरू हो जाती हैं ज्यो ही आप शुरुआत करते हैं और बुरे कार्यों में मुश्किलें बाद में आती हैं यही कारण इंसान अच्छे कामो को छोड़कर बुरे कामो को पहले अपनाता हैं क्योंकि इंसान क्षणिक सुख वाला हो गया हैं. इस क्षणिक सुख का परिणाम भविष्य में क्या होगा इसका अंदाजा व्यक्ति को दुःख में होता हैं क्या मैंने अच्छा किया और क्या मैंने बुरा किया ?

" नासतो विद्यते भावो नाभावो विद्यते सतः।
उभयोरपि दृष्टोऽन्तस्त्वनयोस्तत्त्वदर्शिभिः

अर्थात सत्य सर्वव्याप्त हैं परन्तु असत्य का अभाव नहीं यहाँ यह कहा जा सकता हैं की धुएं के बिना आग नहीं होता अर्थात जहाँ अच्छाई हैं वहां बुराई अवश्य हैं. लेकिन अच्छाई हमेशा होती हैं और बुराई बादलो की तरह कभी - कभी आखिरकार सत्संग फिर किस प्रकार किया जाय मेरा विचार हैं की सत्संग वह हैं -

" दया करे धरम मन राखे , घर में रहे उदासी
अपना सा दुःख सबका जाने , ताहि मिले अविनाशी "
" दया-धर्म हिरदै बसे, बोले अमरत बैन ।
तेई ऊँचे जानिए, जिनके नीचे नैन ॥

बात साफ हैं की वही व्यक्ति इस संसार में सबसे धनवान हैं जो अवश्य ही किसी दुसरे का दुःख अपने समान समझौता हैं वही महान भी हैं. एक कहावत हैं -

" बड़ा भयो तो क्या भयो जैसे पेड़ खजूर
पक्षी को छाया नहीं फल लागे अतु दूर "

खजूर का वृक्ष बहुत विशाल होता हैं परन्तु उसके निचे तनिक भी छाया प्राप्त नहीं होती.

" **चार वेद, छह शास्त्र में बात मिली है दोय, सुख दिए सुख होत है, दुख दिए दुख होय।** इंसान कितने ही महात्माओ का सत्संग क्यों न करे कितना ही स्नान , दान , पूजा - पाठ , जपतप क्यों न करे सब व्यर्थ हैं. इंसान दुसरो को दुःख देता हैं तो वह अवश्य ही दुखी होगा यदि दुसरे को किसी भी प्रकार का निःअपराध कष्ट देगा तो वह पूर्ण रूप से कष्ट का भागी होगा, जरा अनुमान लगाओ यदि तुम किसी को पिटते हो , तुम्हे भी चोट का एहसास होता हैं. फिर भी कहते हो की मैंने उसे मारा और तुम तो बिना किसी को मारे तुरंत व्याज रुपी कष्ट पाया अभी मूलधन तो शेष हैं. संसार में मानो तो सभी वे संत हैं जो उपर्युक्त सद विचारों को धारण करते हैं चाहे वे सन्यास रूप में रहते हो या गृहस्थ में --- सदन एक कसाई था फिर भी वह एक सच्चा संत था वह अपने एक किलो बटखरा से चार किलो माँस तौलना चाहता था तो अपने आप एक किलो वाला बाट चार किलो हो जाता था. बात स्पष्ट है की व्यक्ति किसी भी जाति , धर्म का हो उसका व्यवसाय कोई भी हो लेकिन उसका आचरण पवित्र हैं तो वह संत हैं. जन्म से शुद्र तो सभी हैं चाहे वह राजा हो या रंक -

" **जन्मना जायते शूद्रः संस्कारात् भवेत् द्विजः | वेद-पाठात् भवेत् विप्रः ब्रह्म जानातीति ब्राह्मणः** अर्थात जन्म से सभी प्राणी शुद्र हैं व्यक्ति संस्कार व कर्म से ब्राहमण यानी श्रेष्ठ होता हैं. यदि कोई भी व्यक्ति महान बनता हैं तो वह अपने कर्मो से महान बनता हैं , न की किसी जाति में जन्म लेने पर , पूर्व में मैंने अन्न के बारें में चर्चा किया हैं की **जैसा अन्न वैसा मन** ये सही हैं " अन्न तो अन्न ही होता हैं चाहे वह कैसा भी हो परन्तु अन्न को साफ़ सुथरा से बनके खाए तो वह सुपाच्य होता हैं. हर व्यक्ति के जीवन में थोडा बहुत गम का पल अवश्य आता हैं इससे इन्सान को कभी घबराकर अपना सत्यपथ नहीं छोड़ना चाहिए. समझौता गमो से करलो अर्थात अति गम में दुखी न हो क्योंकि न दुःख स्थिर न ही सुख स्थिर हैं आइये एक किस्सा सुनाता हु - एक बार स्वामी

विवेकानंद जी कुत्ते की दर से भागे जा रहे थे की एक आदमी स्वामी जी को भागता देख बोला - अरे ! विवेकानंद जी आप कुत्ते से भाग रहे हैं खड़े होकर उसका मुकाबला करे. स्वामी जी खड़े हो गए और कुत्ता तुरंत पीछे मूड़ भाग गया इससे स्पष्ट हैं की व्यक्ति जितना ही विपत्तियों से भागेगा उसका उतना ही पीछा करेंगे अतः विपत्ति में व्यक्ति को कभी घबराना नहीं चाहिए बल्कि उसका डट कर मुकाबला करना चाहिए वर्तमान समय व्यक्ति सभ्य समाज और संस्कृति की बात करता हैं परन्तु क्या सभ्य समाज (भौतिकवादी) में शान्ति हैं शायद नहीं आइये थोड़ी सी चर्चा इस पर भी करे सभ्य का विपरीतार्थक शब्द असभ्य होता है जिसका अर्थ जंगली होना मानव जब जंगली विचारों को छोड़कर सामाजिक विचारों को ग्रहण किया तभी सभ्य हुआ परन्तु आधुनिक युग में सभ्यता का अर्थ भौतिक सुखो से लगाते है जैसे मोटर गाडी बंगला नौकर चाकर आदि जिसके पास हैं वही सभ्य कहलाता हैं Civilization लैटिन भाषा के सिविटास (Civitas) से बना है जिसका अर्थ नगर होता है नगर में रहने वाले नागरिको जैसा जीवन यापन करने वालो को सभ्य कहा जाता हैं ऐसा समाजशास्त्रियों का मंतव्य हैं न की लेखक का जिस समाज में व्यक्ति मूल्यों आदर्शो एवं प्रेम को महत्व दिया जाता है वह समाज सभ्य होता है इसके विपरीत का समाज तो एक मकतल (मरघट) का होता है. मैंने बहुतो को सुना हैं की हम बहुत अमीर है किंतु शान्ति नहीं है जबकि गरीब भिखारी भिजन और वस्त्र के लिए मोहताज है फिर भी वे शान्ति से सो रहे है बात स्पष्ट हैं की आदमी का भौतिक सुख साधन बढ़ते ही वह अशांत हो जाता हैं आखिर क्यों ? क्योंकि वह दुसरे के दुखो के अनुभव से दूर होता चला जाता हैं और ईश्वर नाम से भी दूर होता चला जाता हैं क्योंकि वह अपनी प्रतिष्ठा बनाने में ही व्यस्त रहता है साथ ही अपनी मान मर्यादा की बलि चढ़ा देता हैं. क्या वह जीवन के अंत तक कुछ बचा पाता हैं शायद नहीं ,वैसे ही जैसे चरित्र नष्ट होने पर व्यक्ति का अपना कुछ भी शेष नहीं रहता आगे की पंक्ति में मैं यह कहना चाहूँगा की पहले सारे पड़ोसी मिलकर रहते थें किसी के दर्द को अपना दर्द समझते थें एक दिन एक रात सबका होता था परन्तु आज पास पड़ोस की बात तो दूर अपने भाई को भाई नहीं माँ को माँ नहीं पिता को पिता नहीं समझते हैं

सभी स्वार्थ बस एक दुसरे से प्रेम का नाता -रिश्ता निभा रहे हैं ऐसा ही उद्धरण गीता में भगवान् श्री कृष्ण ने इस प्रकार कहा हैं - -

" न कश्चित् कस्यचित् मित्रम्, न कश्चित् कस्यचिद् रिपुः। व्यवहारेण एव जायन्ते, मित्राणि रिपवस्तथा।

हे मानव ! प्रेम तेल और बाती की तरह हैं जिस प्रकार बिना तेल के बाती नहीं जल सकती उसी प्रकार प्रेम के बिना हम एक दुसरे के निकट नहीं हो सकते जब इंसान मरने के करीब होता हैं तो वह राम नाम जाप करता है और यदि किसी को चोट लगती हैं तो माँ को याद करता है क्यों ? - क्योंकि माँ ममता की देवी होती है इसलिए माँ को भी ऐसा आचरण करना चाहिए की कही उसके ममत्व पर प्रश्न चिन्ह न लग सके प्रकृति की चीजे वृक्ष , पर्वत , नदियाँ , सूर्य , चाँद , हवां आदि सभी मूक रह कर भी हम मानव जाति के हर एक काम में दुःख सुख में साथ निभाते हैं और हम उनको सदा -सदा के लिए नष्ट करते जा रहे हैं जो अत्यंत दुखद है. बैल , गाय , कुत्ता आदि हमारे आप के साथ विश्वाश पात्र दोस्त बनकर मदद करते हैं जबकि इन्सान उनके साथ बेरहमी से पेश आता है. अरे मानव ! कुछ तो भगवान् से डर तेरी क्या गति होगी तू भी मरेगा तेरा साथ कोई नहीं देगा फिर किसके लिए ये चोरी ठगारी इर्ष्या द्वेष मारपीट करता है यदि तू अपने लिए करता है तो सबसे बड़ा मुर्ख हैं. जरा सोच प्रकृति की हर ची और बेजुबान पशुये ये सभी मानव कल्याण के काम में आते है जैसे -

“परोपकाराय फलन्ति वृक्षाः परोपकाराय वहन्ति नद्यः ।
परोपकाराय दुहन्ति गावः परोपकारार्थ मिदं शरीरम् ॥

अतः तुम मानव होकर भी किसी मानव के काम नहीं आ सके , सिर्फ शरीर को पाला तुम जानवर से भी बत्तर हो छी ! लानत है तुम पर

निष्कर्ष

यदी वास्तव में सनातन धर्म को जिन्दा रखना चाहते हो तो उस झुके फलदार वृक्ष की भाँती बनो जो अपना सम्पूर्ण फल अकारण हमें सहर्ष प्रदान करता है और फिर ख़ुशी से तन कर विकासोन्मुख के साथ नए वर्ष में नव पल्लव के घूंघट में स्वादिष्ट फल लेकर हाजिर होता है व्यक्ति का उच-नीच होना उसके कर्मो पर निर्भर करता है. सतयुग , त्रेता , द्वापर , कल्युग का जन्मदाता व्यक्ति स्वयं होता है शरीर की बनावट और परिस्थितियां जैसी हो पर उसके कर्म आचरण व्यहार अच्छे है तो वह हरि का प्यारा होता है.

" यह तन कांचा कुम्भ का लिए फिरे थे साथ"

ढबका लागा फूट गया कछु न आया हाथ " यदि मेरे विचार से आप सभी को आहत होता है तो मुझे बुध्दिहीन अनुज समझ कर क्षमा करना. **अधर्म का नाश हो----- यथार्थ दर्शन की जय हो ---------- विश्व का कल्याण हों.**

नारायण आप सभी का भला करे.

शांतिः शांतिः शांतिः

www.ingramcontent.com/pod-product-compliance
Lightning Source LLC
LaVergne TN
LVHW041303150826
845673LV00008B/2717

* 9 7 9 8 8 9 6 3 2 6 1 5 1 *